Angel R. Almagro

AMEN

ou L'Enfant et La Bête

Éditions Dédicaces

AMEN OU L'ENFANT ET LA BÊTE
par ANGEL R. ALMAGRO

ÉDITIONS DÉDICACES INC
www.dedicaces.ca | www.dedicaces.info
Courriel : info@dedicaces.ca

© Copyright — tous droits réservés – Angel R. Almagro
Toute reproduction, distribution et vente interdites
sans autorisation de l'auteur et de l'éditeur.

Angel R. Almagro

AMEN

ou L'Enfant et La Bête

Introduction

L'être, l'espèce humaine, sait à peine ce qu'il est, qui il est, parce qu'il oublie ce qu'il fut et ce qu'il sera. Il ignore et il s'ignore soi-même, parce qu'il ne cherche plus; il ne se cherche plus soi-même. Et il abandonne son foyer. Il le perd parce qu'il le néglige de plus en plus, ce foyer nôtre, le monde.

Que lui manque-t-il? Un peu d'amour, d'amitié, de paix, de compréhension, de bien-être, de bonheur, de liberté, ou peut-être de solitude; telle une fleur seule dans un jardin; un oiseau sur la branche d'un arbre sec; un papillon qui vole dans une steppe sans trouver la fleur qu'il cherche; un homme, peut-être un jeune homme, seul dans une barque égarée au milieu de l'océan; ou une personne sans famille dans une grande ville, sans amour. C'est ce que nous appelons solitude. Cependant, il n'en est pas moins certain que tantôt l'homme ou la femme a besoin parfois d'une telle situation d'abandon, je veux dire de solitude, pour penser à soi-même et à tout autour de lui, ou d'elle, à son habitat, c'est-à-dire à la société à laquelle il, ou elle, appartient, l'écosystème humain. C'est quelque chose qui est toujours auprès de nous, la solitude, qui attend pour nous comme un être pensant; quelque chose qui ne s'ennuie jamais soi-même, comme notre monde, notre planète, qui est seul dans l'espace, bien qu'il semble être tout près du Soleil, son régisseur. Et il est là, le monde, à travers le temps, en silence, en solitude.

Lui manquerait-il, à cet être, un peu de foi et de confiance en soi-même?

Donc, en tant qu'être pensant, qu'espèce humaine, mais imparfaite, me manquant quelque chose aussi, je suis à la recherche d'une poésie plus libre et plus humaine, qui soit dépourvue de tout ce qui porte préjudice à tout être, à toi, à moi, ou à quelqu'un d'autre. Une poésie qui l'aborde comme frère, avec amour; qui le considère dans toute son intégrité physique (lui-même, son milieu et son confort, soit son bien-être) et spirituelle (sa conscience, sa pensée, ses idées et sa liberté), cette intégrité spirituelle dépendant de l'intégrité physique.

Une poésie qui lutte à travers son langage poétique pour sauver cet être de tout ce qui le nie, l'ignore ou le plonge dans l'obscurité et l'absurde; ou simplement qui le détourne de la voie d'intégration humaine. Une poésie politique en soi, a partir des besoins de cet être et de ses manifestations spirituelles, parce qu'elle cherche, recherche, découvre, dénonce, compare, critique, satirise, honore, sublime, pardonne, aime, conseille, considère, défend, respecte. Une poésie qui est vérité en soi-même, parce que "*la vérité est pour la dire, non pour l'ignorer*"(Jose Marti)

Une poésie engagée, qui respecte l'être, ses idées et ses problèmes humains, sans renoncer à l'aider à trouver ensemble un chemin plus convenable du point de vue humain, à travers de la dissuasion et de la persuasion poétiques, c'est-à-dire le langage poétique proprement dit, parce qu'elle persuade d'aimer, de faire le bien, de travailler pour s'égaler dans la société, de vivre, d'être humain. Et elle dissuade de haïr, de faire le mal, de ne pas travailler, de vivre pour vivre, parce que:

C'est mourir soudain,
Vivre pour vivre,
Etant inhumain
Si l'on s'y livre.

Aimer s'il faut aimer;
Aimer s'il faut haïr:
Si amour est semé,
On voit amour jaillir.

Une poésie qui trouve dans le travail en tant que droit des humains, notamment au moyen de l'équivalence de cette activité vitale, le seul moyen d'affronter et vaincre la faim, la misère et la pauvreté, non seulement pour être cette activité ce qui permet la stabilité de l'existence humaine.

Plus tu travailles
Plus tu manges copieux
Ainsi tu travailles mieux
Et tu manges comme les dieux
En éloignant tes funérailles:
A peine ton cœur se voit vieux.

Donc, pour être le travail l'énergie qui préserve la condition humaine, la raison fondamentale qui garantie l'évolution de l'espèce savante, du fait que:

> *Notre énergie et talent*
> *Nous tous empêchent*
> *D'être passé au présent,*
> *Pour être futur à temps,*
> *A moins que soient sèches*
> *Nos mains fécondant.*

Il faut garantir tous les moyens qui permettent que les humains travaillent et évoluent harmonieusement sans affaiblir la sélection naturelle dans la société humaine.

Donc, j'envisage une poésie pour l'amour et l'amitié, parce qu'elle est amour et amitié.

Une poésie pour le respect au droit d'autrui, à la liberté et à l'intimité.

Enfin, une poésie cosmopolite, franche et sincère; une poésie de l'être pour l'être en tant qu'être dans son monde nécessaire.

ANGEL R. ALMAGRO
le 17 avril 1991.
Modifié et enrichi le 4 Octobre
et le 30 Novembre 2001

A savoir

Au début des années quatre-vingt-dix, en pensant au monde que Dieu nous avait conçu quand Il créa le Paradis, et à celui dans lequel nous habitons, une grande confusion m'envahissait et me bouleversait spirituellement. Donc, il me vint à l'esprit l'idée de créer, à travers la poésie, un moyen, qui même en rêve, m'approche du monde édénique, tout en approchant ce monde-ci, à son tour, au nôtre, humain et imparfait. C'est là, la raison pourquoi je commençai à écrire l'œuvre de poème AMEN à Cuba.

L'œuvre AMEN, source de mon entière création littéraire, y compris le roman « Au-delà d'une Aventure: Un Bel Amour », n'en est pas moins mystique du fait que son auteur est un cubain qui n'a jamais mis les pieds dans un pays francophone.

Préface

Cher lecteur:

Ce que je vous offre ici,
C'est quelque chose de moi-même,
Un livre, un simple poème
Qu'avec amour je vous écris.

J'y parle de tout, mais peu,
Du monde beau, mais confondu,
S'égarant dans son univers, ému,
Et vivant, qui bouge, sans feu.

Mais j'y parle tout de même
Et honore la Belle de toujours,
Créée une fois avec amour,
Qui en souffrant, nous aime.

Et en aimant, elle pèche
Parce qu'ainsi créée elle fut;
Pour que dans son autel, nue,
Et sans loi, elle prêche.

J'y parle de vous, Monsieur,
Et de vous, ma chère dame,
Et d'elle, si fragile, si femme,
Vivant tous sous nos cieux.

Et amis, je vous persuade
D'aimer, non comme elle,
Faite exprès pour être belle,
Que de haïr je vous dissuade.

Et de longs ans de poésie
M'y envahissent, que je reçois,
Malgré ces durs temps, avec joie,
Où je parle de la triste Jolie.

Ma poésie n'est nouvelle,
Car j'imite d'autres inspirés
Qui face à cette jolie née,
Aussi s'inspirent en elle.

"Ne me laisse pas tombé en luxure
Et délivre-moi de ce doux mal
Qui me rend comme animal
Face à l'œuvre impure"

Toi, Maçon de l'univers glorieux
Tout immense et infini,
Le péché niche dans la jolie
Soient beaux ou non les cieux.

"Si Tu l'as joliment créée,
Tu l'en aurais détruite alors!
Pour qui peu existe l'aurore
Il n'existe que le lit défait!"

Lui, Il nous pardonne et enflamme,
Notre chemin de péché toutefois,
Qui pour le Verbe fit la Croix
Et pour l'homme, grâce, la femme!

Et nous tous, Il nous fit
Tels nous sommes, pécheurs,
Fragiles comme une fleur
Qui sans amour, hélas, flétrit!

Dédicace

A nous, Césars,
Bons pèlerins,
Et à Toi, Divin
Qui nous viens
Sans retard!

A nous, que la nuit
Couvre et cache
Derrière l'oubli
En attendant, qui luit,
Le Soleil sans tache!

A nous, non égaux,
Pourtant pareils,
Que le péché émeut,
Et du Ciel, l'eau
Et le feu
Du Soleil!

A nous, imparfaits
Issus de la femme,
Et dont l'âme
Egare la paix!

A nous!

A nous, Césars, les fleurs,
Et à Toi, Seigneur,
Et aux martyrs, et leur parfum,
Et aux chrétiens,
Tous pécheurs,
Et imparfaits humains!

Nos conflits

I

Du 14 au 26

Depuis des temps passés,
Dont je me souviens assez,
A Paris de Robespierre,
De Danton et Marat,
Est née pour tous une pierre
Pour l'époque des droits
De l'ouvrier et du paysan,
De la République et du bourgeois,
Du suffrage et de l'argent,
De la révolution nouvelle
D'humaine fraternité,
Pour la patrie universelle
De franche liberté
Pour tous à la fois
Et d'égalité citoyenne,
Pour les papes et les rois,
Pour la classe moyenne
Et le prolétariat,
Blanc, métis ou noir,
Qui à côté d'un magnat,
Se regarde dans le même miroir.

Depuis ce temps passé
Dont je me souviens,
Le Paris de Maximilien,
De Babeuf, tu vois, de Fouché,
Et depuis la pierre, la primera
De l'époque de droits,
Il y a des guerres encore,
Conflits toujours violents
Par tant de héros morts,
Victimes et toujours innocents
Nous manquant l'amour

Comme la nuit au rêveur,
Comme à la vie le jour
Et à l'amoureuse une fleur
Si nécessaire pour la vie

Et par manque d'amour
Et par manque de concorde,
Avant que finisse la nuit,
Il y en a qui à leur tour
Se pendent à une corde!

Et par manque de concorde,
Non comme la lune à la marée
Et au trapéziste, sa corde,
Comme à la vue, la beauté,
Comme à tout homme, sa chance,
Comme au fœtus, son terme
Au moment de la naissance,
Mais avant, à l'utérus, le sperme,
Comme la belle au laid,
Comme l'homme à la femme,
Comme de la mère, au fils, le lait,
Et comme au tyran, le cœur infâme,
A la République, le parlement,
Comme au pays, la Constitution,
Comme à la voile, le vent
Et au poète, l'inspiration,
Et à celle-ci, le poète,
Comme au naufragé solitaire,
La présence d'une alouette,
Soit-elle son ultime partenaire.

Et depuis ces vieux temps
Que je n'oublie guère,
Par des conflits violents
S'épanouit la guerre.

Et malgré la naissance
De l'époque des droits,
Et malgré la bienfaisance
De notre Christ de la Croix!

II

Va-t-en, guerre

Des guerres douloureuses
Et stupides se succèdent,
Guerres inhumaines et ténébreuses.
Et pour qu'ils nous aident,
J'implore Jésus et la raison,
La concorde et l'humain
Pour trouver un bel horizon
Où le Soleil Roi, dès le matin,
Nous éclaire, sans qu'aucune carline
Ni cirse qui sans amour éclosent,
Ne nuisent aucune jolie divine,
Mes Muguets, mes Iris ni mes Roses!

Et par la concorde et la raison,
Qui ennoblissent l'âme et el cœur,
En créant un bel horizon
De paix, d'amour et de bonheur!

Et par le Créateur Suprême
Depuis son Trône Divin
Qui nous gère et nous aime
Par son Fils le Nazaréen!

Et par le Soleil qui éclaire,
Une fois pour toute disparaîtront
Tous ces conflits obscurs et amers
Que prônent, hélas, nos démons!

III

Adoration

Et aux Cieux
Comme à la Terre
Contre la misère
Telle la guerre
J'adore Dieu.

Les villes fanées

I

Ville Jaunie

Aÿ, Paris, Rome, Londres,
Comme Mexico et New York,
Sans soleil, à l'ombre,
Seraient des villes mortes.

Comme Séoul, Delhi, Tokyo,
Où il n'y aura plus de matins;
Et ni à Vienne et ni à Rio,
Ni à la Haya, ni à Pékin.

Et à Montréal, Berne, Dallas,
Et aussi à Jérusalem
Où nos prières, hélas,
Ne parviendraient au Suprême!

Nous donnerait-Il miséricorde
Pour avoir, par tant de haine, détruit,
Par manque d'amour et concorde,
Notre monde unique et joli?

Et Prague, Athènes, Lisbonne,
Hollywood et Berlin,
Comme l'ancienne Babylone,
Oubliée Ville des Jardins,
Comme Oslo, Madrid et Moscou,
Seraient toutes une savane
Sans commencement ni bout,
Et jaunies comme ma Havane.

Et comme fantômes, les villageois
Rôderaient dans les rues désertes,
Pâles, au gré de ce vent froid,
Qui emporte les feuilles inertes.

II

Ma ville

Elle

Je pleure sans force
Voyant passer le temps
Alors que partout s'amorce
L'ironie et courent les ans;
Passe ma vie qui désespère;
Viennent les étés chauds;
Vont les froids hivers;
Et s'oublient mes vieux temps si beaux.

Rêveur

Mais souviens-toi qu'en spirale
Tout s'écoule; et tel qu'auparavant,
Ce que tu as été, ma Capitale,
Propre et unique, et belle encor plus,
Ville de poètes et d'ouvriers,
Ma grande Ville, le seras-tu,
De tout Américain foyer.

Elle

"S'il n'y a pas de maladie,
Mon vieux, qui dure cent ans,
Ni corps qui s'en tienne à la vie",
Dis si l'on peut se passer du temps!

Rêveur

Oui, de la vie, le temps est le bourreau;
Mais si sans laisser des traces rien ne meurt,
Ce qui devient vieux sera nouveau,
Et tu seras plus fraîche qu'une fleur!

Elle

Regarde donc! Tout en soi est vacarme;
Tout désespère; tout y est décombre;
Et coule un fleuve de larmes
Du fait que j'ai égaré mon ombre!

Rêveur

Mais le Soleil brille encore,
Père de l'eau, de la lumière,
De l'homme, énergie première,
Pour que la vie ne laisse d'éclore,
Pour toi et pour la Terre entière
Avec plus jolie chaque aurore!

L'écologiste

« Je change tous les titres du monde
Pour celui de citoyen »
Simon Bolivar

Citoyens de la Terre
Faisons qu'à tout réveil
Nous offre sa lumière
Un grand nouveau Soleil.

Citoyens que j'aime,
C'est bien par amour
Que devient plus saine
La vie chaque jour.

Citoyens du monde,
Y unissez-vous
Pour qu'à notre ronde
La vie arrive au bout.

Citoyens glorieux,
Aimons la nature
Afin qu'en tout lieu
Soit la vie plus pure.

Citoyens tous amis,
Aimons notre Terre,
L'unique et jolie,
Et avec ses mers.

Ecoutez, citoyens,
Comme la boule bleue,
Je suis sûr et certain,
Nous n'en aurons pas deux.

Citoyens de bonne prose,
Cultivez pour l'ami
Une belle blanche rose
Et pour celui qui maudit.

Citoyens de vers profonds,
Aimez, telle la vie, les fleurs
Et ainsi, tes compagnons
Avec passion et chaleur!

Citoyens de Dieu,
Que pousse le bonheur
Partout en tout lieu
Comme partout les fleurs.

Citoyens tous pareils,
N'ayez nulle peur
Ayant le Soleil
Et votre grand cœur.

Tous bons Citoyens,
S'il n'y a qu'une lumière
Dès chaque matin
A quoi bon les frontières.

Citoyens tout oreille,
Mettez-vous ensemble,
Mais restez en veille,
Car le saphir tremble.

Pourquoi, Citoyens,
Tout ce qu'on regarde,
Dès l'aube au matin,
S'efface par mégarde?

Citoyens, tous gentils,
Sauvons notre Terre
Où tous en famille
Vivrons sans la guerre.

Tenez ma prière,
Mais bons Citoyens,
Et qu'aucune frontière
N'empêche plus nos liens.

Sans quoi, citoyen:

Noir, métis ou blanc,
L'automne ni l'hiver
L'été ni le printemps
N'auront de traits divers

Citoyens que j'estime,
Ouvrez grand vos yeux,
Pour voir qui va à l'abîme
La belle œuvre des cieux.

Et par mégarde s'efface,
Citoyens tous parfaits,
Le trésor de ta race,
Le confort et la paix.

Et se rompt l'équilibre
Qu'imposent nos avis
Où l'homme n'est plus libre
Vivant sans crédit.

Frontière que j'admire,
Le monde entier nous est
L'Eden qui attire
Amour, joie et paix.

Tous frères, Citoyens,
Aimons la planète,
En tant que chrétiens,
Sans guerre ni disette.

Ecoutez, Citoyens justes,
L'arbre frais reverdi
Ne sera qu'arbuste
Sans feuilles ni fruits.

Citoyens de bonne âme,
Soient blancs, noirs ou métis,
Soit l'homme ou la femme,
Gardez les champs verdis,

Citoyens tous rois
De notre univers,
Ouvriers ou bourgeois,
Qu'elle est belle, la Terre!

Avec sa mer, ses fleuves,
Et ses monts exubérants
Qui nous tous émeuvent,
Tels d'autres, tout blancs!

Tel le "Libertador".
Je suis citoyen,
Fils Américain
Du drapeau tricolore

Les Trésors Cubains

I

Ambiance paisible
Et douce atmosphère
Par tant d'amour visible,
Par tant d'amour sincère,
Que nous offre la nature
De mon pays magique,
Dont la sauvage verdure,
Réalité fantastique
Sous un ciel joliment bleu,
Qu'un Soleil radiant embellit,
Le rend comme peu
L'un des plus jolis.

Ses palmes hautaines et gaillardes,
Fines soldats millénaires
Qui inlassablement gardent
Tant de gloire, fières
D'avoir été jolies témoignes
D'inoubliables beaux faits
Tels dévoués et bons moines
Prônant l'amour et la paix.

Témoignes de luttes et d'amour
De tristesse et de bonheur,
Depuis longtemps et toujours,
Et de vaillance et de peur.

Et son chanteur ailé, si brave,
Unique oiseau sans pareils,
Qui par son chant aigu et grave,
Depuis l'aurore, nous réveille.

Il est là, et partout,
De branche en branche qui vole
Solitaire ou tout près de nous,
Et chante comme un Rossignol

Au sommet d'un toit vers le haut
Ou comme un Canari super
Au point du jour très tôt
Ou quand le Soleil se perd
Ou au petit matin ou avant,
A l'après-midi sur un palmier
Comme il arrive très souvent
Parce que lui, c'est le premier
Des oiseaux; c'est le roi
Qui s'impose par son chant
Et par là, s'impose sa loi
Dans la ville ou dans le champ.

Pays magique, faux joli mirage,
Royaume du rhum et du tabac,
Terre promise et du partage
Ce paradis c'est Cuba.

Mais que sera tout ce trésor
Qu'à l'île du "Son" on trouve
Le faisant plus cher que l'or
Sans cette fleur qui s'ouvre
Tantôt au printemps qu'en hiver,
Tantôt en été qu'automne,
Si est calme ou non la mer,
S'il fait beau ou si le ciel tonne.

La fleur la plus extraordinaire,
La reine fleur de Cuba,
La plus jolie sur terre,
C'est la douce "Mulata" !

Et quiconque ose y venir
Pour embrasser la chaleur cubaine,
Pleine de rythme et de plaisir
Sans rencontrer sa belle reine,
De déesse et d'esclave mélange,
D'amour tendre et sève
De femme jalouse et d'ange
Et super si elle se montre en Eve!

Ou sans jouir de ce grand virtuose,
L'oiseau en gris, le moqueur,
Qu'aucun autre plumé n'ose
En tout temps, imiter par peur.

Ou sans admirer ses verts champs
Pleins d'incroyables palmerais
Qui dansent au rythme du vent,
Rythme doux et de paix.

Ou sans déguster le rhum de Cuba,
Brave, légendaire et délicieux;
L'eau vitale du noir Yoruba,
Etant plus aimé, étant vieux.

Et le bon diamètre du bon tabac
Avec son arôme et goût exclusifs
Pour tous et pour le yoruba
Mais sans tomber dans l'abusif.

Ne pourra-t-on savoir jamais
Que cette île, ce paradis,
Pour l'amour fut fait,
Et pour l'amitié et pour la vie.

Quelque chose d'inimaginable,
L'éternel printemps cubain
Et nul ne verra rien de semblable
Dans quelque autre jardin
Dans la Terre entière, vaste Patrie,
Par tant de couleurs à la fois
Sous cette nature jolie
Qui plonge toute âme dans la joie.

II

Aux Caraïbe située,
Par le continent américain
Presque entièrement entourée,
La jolie Terre des cubains
Se trouve. Paradis de déesses,
Terre promise de l'ivoire et de l'ébène,
Et du cuivre! Soit la mulâtresse,
Femme divine et femme humaine.

Elle est là, la belle Ile, Terre
De foi, amour et richesse,
Jardin fleuri peu ordinaire
Dont la fleur reine, la mulâtresse
Qui pousse au beau Santiago
Ou en d'autre part, ou la Habanera,
Ou celle de Cienfuegos
Est femme sensuelle et de tremolo
Coquette et mélange unique,
A la fois indienne, noire et blanche,
Qui affole, mais non moins pudique!

Comme ébène à belles hanches,
A fine et moulée ceinture,
Et à poitrine épicurienne.
Oh, ses cuisses hors nature!

Comme cuivre, je dis indienne,
Belle, mais jalouse et exigeante,
Pudique, mais coquette et curieuse!

Comme ivoire, intelligente,
Erotique et très amoureuse,
Dont les jambes et les cuisses
Restent héritage de la Méditerranée,
Et dont il n'y a pas qui puissent
Méconnaître, même aveugle, la beauté.

Oh, la bouche! Délicate et fine,
Sauvage à la même heure
Allègre et féminine,
Et toute pleine d'ardeur!

Et l'ébène-indienne-ivoire
Mélange riche absolu
De la blanche et de la noire,
Qui affole en Eve vue!

Mulâtresse reine du paradis,
Terre de soleil et de verdure,
Terre de paix et d'amour, Terre jolie,
Terre promise par Mère Nature,
Où tout pour tous germe,
Où pour tous, tout suffit!

Sainte mine sans terme
Grâce au travail bénit,
Travail libre et humain
Et grâce à la Nature Mère
Qui fait que tout homme cubain
Prenne comme promise sa Terre,

Avant, dès nos jours ou après,
Vivant en elle ou bien ailleurs,
Car c'est son sanctuaire de paix,
Comme dans un même vase à fleurs
Où se tiennent ensemble les odorées
Sans que nulle ne soit prise pour paria,
Tels les Glaïeuls, les Orchidées,
Les Marguerites, les Dahlias,
Les Coquelicots, les Roses,
Les Iris, les Tulipes et les Jasmins,
Qu'un seul vrai jardinier arrose
Dans une même Terre, un jardin
Toutes germant autour d'Elle,
Soit l'Espagnole svelte et fine,
L'Indienne loyale et belle,
Et l'Africaine sans rivale, divine,
En une seule toutes les trois:
La Mulâtresse jolie reine,
Merveille de cet Archipel étroit,
Trésor de la Terre Américaine.

III

Eaux limpides
Et miroir de l'azur
Mer aux vagues timides
Qui la tranquillité assure!

Mer aux blanches écumes,
Plages magiques au sable fin,
Décor merveilleux que la brume
Ne peut guère cacher le matin,
Quand le Soleil s'éveille à l'horizon
Et parsème sur les champs
Pleins de palmiers et sur les monts
Où le *Tocororo* réjouit par son chant,
Son attendue et tendre lumière,
Réchauffant comme chaque jour
Les *bohio* bien légendaires
Des fils d'*Oko*, qui pleins d'amour
Partent bénir les sillons sacrés
En les aspergeant de leur sueur,
Pour sortir des champs labourés,
Pour eux et pour tous, du bonheur,
Depuis l'aube jusqu'au la nuit,
Toujours prestes, jamais las,
En tant que sauveurs des fruits,
Tels la Calète et la Cirouela*,
Le Capouli et l'Anon,
La Goyave et l'Ananas,
Le Caïmite et le Melon,
Le Nipero et la Guanabana,
Le Tamarin et le Mango,
Le Zapote et l'Avocat,
Le Pastèque et le Coco,
La Banane et la Papaÿa,
Le *Mamey* et le *Maragnon*,
Le *Canitel* et la *Chirimoÿa*,
L'Orange variée et le *Mamon*.

En tant que sauveurs des légumes,
Puisque contre les amertumes
De la faim et de la misère
Ils sanctifient par l'or vert,
On leur en est reconnaissant,
Si héros et simples, si paysans.

Et du royaume de Yemaya,
Et celui d'Ochoun la beauté,
Les hommes-mer, fils d'Inlé,
Remplissent de poissons notre Ile!

Voilà l'Ile fascinante,
Cet indéniable Paradis
Avec tant de trésors jolis
Autour de la femme ardente!

IV

Lieu Fantastique

Lieu fantastique découvert
Par hasard un jour sans vent
Malgré le décor du temps,
Alors qu'on faisait dans la mer
Et dans les cours d'eau inquiète
L'amour comme dans la terre féconde
Faisant que tous à la fois à la ronde
Vivent sans soucis ni disette,
Le rendant le plus bel unique,
Que ni même ses collines verdies
Sous un dimanche ou mardi,
Ni tant de plages magiques,
Ni même ce grand, le Soleil
Qui prend de tous soin
Que l'on vive près ou loin,
Doré le matin, le soir vermeil,
Ni sa mer si belle et transparente,
Ni l'apothéose éternelle des fleurs
Qui embaume les vallées d'odeur,
Ni l'indien et son indienne ardente,
Ni les étoiles qui éclatent
Dans l'immense ciel infini,
Sempiternelles simples bougies
Que le jour voile sans hâte
Pour que tout beau s'endorme un ange
Sur un cirrus blanc d'écume,
Ne le rendraient si fort que l'enclume,
Comme la paix qu'apporte le mélange.

Bien que…
Les noirs gardent encore
La souffrance du martyre
Sans qu'en puisse guérir
La plaie saignant du corps.

Parce que……
Bateaux blancs et négriers
Où ils pérégrinaient
Tous en chaîne, par milliers,
Dans l'ombre, sans bruit ni paix,
Vers leur Terre inconnue,
Où ils rencontreraient, sûr!
Oh, pauvres enchaînés, tous nus!
Un destin amer et dur.

Et ils trouvèrent le cigare,
Le travail sauvage,
L'église et le lard
Sous un cruel esclavage.

Bateaux blancs et négriers
D'où des choses déjà sans chaînes
Tombèrent au fond par milliers,
Déjà, hélas, infécondes graines.

Et le *Christ of Colombes*,
Sans le savoir, créa une ère:
Un royaume de tombes
Noires au tréfonds de la mer!

Miséricorde

A l'inconnu qui
Sans dire adieu aux siens
Laissant sa Patrie derrière
Pour chercher d'autres matins
Trouva dans la mer,
Eternelle, sa nuit!

I

Souffrance

Calvaire qui, encore cage en or,
Même sans nul barreau
Sera pour le triste oiseau
Cage toujours et encore.

Comme la barque sans barreur,
Qui dans la mer des anges
Sera, qui sait, encore une fleur,
Mais sans parfum et étrange,
Va et vient à la dérive
Sous le soleil ou la lune claire,
Sans large ni rive,
Comme une épave, solitaire!

II

Requiem pour un ami

Sans vouloir hasarder la mort
Quand tu en allais au devant,
Alors que tu volais au gré du vent,
Tu nous as quittés non sans tort,

Tu es parti sans pleurs, non sans foi,
N'étant pas un téméraire,
Mais sans fleur ni croix,
Et sans dire adieu à ta terre.

Comme la lune semblait lasse
Dans ce ciel-là, sans une étoile,
Quand tu as pris, hélas,
Vers la nuit, le voile.

De la mer presque obscure,
La lune alors dans le haut,
Il te parvenait tel un murmure
T'appelant sans délai vers l'eau.

Que t'a-t-il contraint
A quitter ta terre de droit,
Où tous comme un seul humain,
Par le travail, seraient des rois?

Et te voilà comme une épave
Sans but, à la dérive,
Sans qu'aucune vague n'entrave
Ta danse sans repos ni rive.

Autour de toi, tout est quiétude,
Silence; et tu ne te plains
Ni de cette rare solitude,
Ni du soleil ni de la faim.

Tantôt sous la pluie
Qui tombe sur ton corps;
Tantôt sous la nuit
Qui le refroidit plus encore.

Mais de vague en vague
Tu tiens ta danse;
Et de vague en vague,
Tu payes ta vaillance
Etant entré dans la mer
A la recherche d'un paradis,
Mais un sort amer,
Hélas, t'a trahi!

Tu pensais, je crois,
Y trouver, qui sauve, la paix,
Ta renaissance et ta joie,
Je veux dire, ton trophée.

Et ton corps n'est plus le même,
Que voilà gisant plutôt,
Ni le but celui que tu aimes,
Condamné sur cette bière, sur l'eau,
Qui, comme des millions de mains,
Soutient ta barque perdue,
T'éloignant du monde des humains,
Vers une terre inconnue,
Mais sans aucune frontière,
Où les femmes et les hommes
Partagent la même lumière,
N'étant plus ce que nous sommes.
Or, tu ne cherchais pas celle-ci
Quand tu courais vers la mer
Avant de quitter ton monde joli
Où le cœur des vivants, comme fer,
Bat cruel et insensible,
Leur manquant, qui sauve, du feu,
Car y est à peine possible
L'amour sans fin entre deux!

Et sans une fleur
Et sans aucun adieu,
Mais sans pleurs,
Vers d'autres cieux,
Sur les eaux ondulées,
Seul sans joie et sans retour,
Sur ton nouveau foyer,
Tu dors pour toujours!

Triste barque
Où à jamais tu dors,
Sans regard ni remord;
Et sans que tu remarques
Que la mer est plus sainte
Par tant de fleurs épavées,
Mais non pour autant égarées:
La mer s'en embaume sans plainte!

Oh, Divine Vierge Yemaya,
Patronne souveraine des eaux
Des mers et des océans,
Non des fleuves ni des rivières,
Et même non plus des ruisseaux,
Abrite dans ton céans
Et purifie par ta lumière,
Celui qui n'a plus de maître,
Ailleurs venant de naître,
Où à jamais il aura son alléluia!

III

Migrateur inconnu

Emigrant non migrateur
Rare oiseau sans ailes,
Qui cache sa douleur
Dans la nuit éternelle.

Oiseau sans frontière
Qui ne connaît nul rivage,
Ni du jour, la lumière,
Ni de lui-même, son âge.

Oiseau Phénix sans croix,
Ni rouge, ni blanche, ni verte,
Qui vole tout seul, sans joie,
Déjà son monde, hélas, inerte!

IV

Bateau rare

Ce poème a été écrit
En mémoire
D'Helen Martinez Enriquez,
La plus petite des fleurs
Qui fanent au fond obscure
De la mer.
Depuis le 13 Juillet 1994.

Bateau fantôme et bateau rare,
As-tu mesuré le cauchemar
Tragique qui fend nos têtes
Et la douleur des âmes défaites,
Alors que tu ignorais combien
Unissent leurs jeux enfantins?

Faignant et gloire et bienfaisance,
Et même amour, se perd l'espérance
Nécessaire à la course des ans!
Tu es parti vers le néant
Avec ton ventre plein de fleurs,
Sans égard et même sans pleurs;
Mais on te sait déjà châtié
Et notre mer plus sanctifiée!

Ils vivront toujours sans pareil,
Eternels comme le Soleil
Radient, majestueux et suprême,
Dont la chaleur que l'on aime,
Rigoureuse, mais qui sauve,
Tous gère, malgré toi, si fauve!

Au fond de l'abîme, tu en gis,
Sans beauté ni lumière,
Mais dehors, le ciel n'est gris,
Et plus sacrée en est la mer!

Bateau rare et macabre,
Puisque ton ventre s'embaume
De fraîcheur et d'arôme,
Sans fleurs tu as laissé un arbre!

Tu en gis au fond de la mer
Bien que ton ventre s'embaume,
Sans pitié ni lumière,
De fraîcheur et d'arôme!
Oh, vaste mer des Anges,
Déjà divin adoré lieu,
Ne seront jamais étranges
Tant de fleurs poussant vers Dieu.

Elles poussent de la profondeur
De cette mer sanctifiée;
Si nous en avons moins de fleurs,
Cette mer en est plus purifiée!

Tu étais alors sous la nuit
Ayant vu courir tant d'années,
Si tu vivais donc sans ennui,
Par ton crime, tu t'en es damné

Déjà un oublié vieux coque,
Tu avais umprunté un faux nom;
Déjà venu d'une autre époque,
Il fallait t'appeler démon.

Tu en avais vécu cent ans
Comme un vrai vieux vampire;
S'il s'alimente de tout sang,
Tu t'en es nourri de saphirs.
Etant bateau, tu en as fait pire!

Tu tombes au fond de l'océan
Où tu deviens un vrai épitaphe
Qui rappelles un crime tyran:
Treize Mars, bateau triste épave.

Bateau fantôme et rare navire!

Tu en vis au fond de la mer
Sans beauté ni lumière,
Bateau rare et macabre,
Qui sans fleurs laisse un arbre!

Alors déjà au crépuscule
C'était, hélas, ton adieu!
N'étant plus un hercule
Tu devais partir glorieux.

Tout a un début et un déclin,
Dans ce monte tout est mortel;
Ayant vécu de vieux matins
Tu refusais l'adieu éternel.

Tu as commis un crime affreux
En voulant rajeunir ton bois;
Telle action le ciel émeut;
Tel crime nos âmes noie.

Tu t'es pris sans égard
A encor des fleurs en boutons;
Notre cœur en est cloué de dards
Et la vie n'a plus d'horizon.

Ces fleurs, hier encor boutons,
Des Glaïeuls, des Roses, des Lys
Des Muguets, malgré tout, au fond
De la mer déjà épanouissent.

Et ton bois vieux et las par l'effet
De la course des ans, comme rafales
Au fond du calme reste défait
Sous la poussée de leurs pétales.

Oh, cette mer des anges
Adorée nous est déjà un lieu
Où n'en seront jamais étranges
Tant de fleurs poussant vers Dieu.

Elles poussent de la profondeur
De cette mer sanctifiée;
Si nous en avons moins de fleurs
Cette mer en est purifiée.

Tu étais donc sous la nuit
Ayant vu courir tant d'année;
Si tu vivais seul dans l'ennui,
Par ton crime tu t'en es damné.

Déjà une vieille coque,
Tu avais umprunté un faux nom;
Venu d'une autre époque
Il fallait t'appeler démon.

Tu avais vécu cent ans
Comme un vieux vampire;
S'il s'alimente de tout sang,
Tu t'en nourris de saphirs.

Notre ciel s'en voit moins azuré,
Notre mer moins son miroir;
Qu'as-tu pris ce trésor si pur
Pour l'emporter dans le noir?

Spectre en bois et ténébreux bateau
Qui fut un jour touffu un arbre,
Tu ne seras jamais au fond de l'eau,
Vieux ton bois, ni sanctuaire ni marbre!

Tu seras, et triste, un souvenir
Qui nous revient un autre forfait;
Vers toi tu les as laissé venir
En leur faignant amour et paix.

Et déjà au seuil de cet oubli
Par l'usure de ton ridé corps,
Pour n'entrer seul dans la nuit
Tu les as caché la mort.

Tu avais vu de temps glorieux
Et le trouble de dures guerres
Dont les douleurs et les cris affreux
Sont encore blessures amères.

Ne te restant que peu d'heures,
Vu ta figure délabrée,
Avant de partir vers le malheur
Tu t'acharnes à l'espoir aimé.

Alors que la paix pousse au monde,
Autrement tu as agi,
Au lieu de laisser féconde
Et pleine de joie, leur vie.

Des tendres fleurs toujours boutons,
Soyeuses et belles, mais grises,
Sans racines déjà au fond
Obscure de la mer gisent!

Combien tu avais par dévouement
Remplis comme bateau ta besogne,
Mais pour arracher nos enfants
Dans la nuit tu as caché ta rogne.

Tu n'avais de l'énergie
Que pour te promener dans le port
En leur faignant idôlatrie,
Hélas, tu les as apporté la mort.

Tu avais beau garder bonne tenue,
Tu boitais déjà sur les ondes
Où, aux aguets dans la nuit, sans but,
Tu cachais tes mâts immondes.

Jadis, ton bois fin et précieux,
Quand tu traînais de gros navires,
Tu avais oublié que sous les cieux
On naît pour se mettre à vieillir.

Tu avais été un grand chêne
Dans l'immense désert d'eau;
On t'avait rendu navire de traîne
Et par là, dauphin de port, oh!

Défenseur assidu de l'ombre
Et saint abri des oiseaux,
Quand pointait ta pénombre,
Te rendait un plus aimé bateau.

Des tendres fleurs encor boutons,
Des œillets, des Iris, des Roses,
Des Jasmins immobiles au fond
Obscure de la mer reposent.

Tout triste et vieux cercueil
Qui étais autrefois navire,
Tu as laissé un people en deuil,
Dont le cœur est plongé dans l'ire.
Ténébreux comme un fantôme,
Vers la pénombre, tu as fui
En embaumant de candide arôme
Ta carcasse oubliée et pourrie.

Tu as trompé l'itinéraire
Qui mène vers le jour naissant;
Te voilà au fond de la mer,
Pleines tes entrailles d'enfants.

C'en est plus méprisé ton bois
Qu'un jour quelqu'un aimait;
C'en est un monument sans Croix
Où des anges dorment sans paix.

La Terre qui les avais vus
Naître comme au printemps des fleurs,
Par ce précieux trésor perdu,
Combien elle crie de douleur!

Et de l'aube arrive l'aurore,
Mais alors, hélas, sans matin,
Au fond de la mer gisant encore
Des boutons des fleurs sans parfum!

Tu as dérobé leur fragrance
Entraînés ainsi vers l'adieu,
En noyant notre espérance
Tu nous as arraché les yeux

Ô, Dieu du Ciel, et de tous, accorde,
Par pitié, aux fleurs qui sans parfum
Au fond du trône du silence gisent,
Et dont les pétales, sous la brise,
Heureux dansaient dans nos jardins,
Paix, amour et miséricorde.

Et toi, triste et vieux cercueil,
Autrefois puissant navire,
Tu as laissé un peuple en deuil,
Mais le cœur en est plein d'ire.

Or, l'auteur de tout est sévère
Quand on dépasse la félonie:
Ne pleure plus triste mère,
Parfum éclora de t'agonie!

Combien le ciel s'assombrit
Par tant de haine et de furie,
Bateau fantôme, bateau rare!
As-tu mesuré le cauchemar
Tragique qui fend nos têtes
Et la douleur des âmes défaites
Par le féroce et long chagrin
De sentir dissiper leur parfum?

Qu'as-tu ignoré, barque étrange,
Combien unit un sourire d'ange!

Tu avais beau tenir bonne allure,
Déjà sur les ondes tu boitais
Et en béguille, dans la nuit obscure,
Ton bois immonde se cachait.

Barque puante et pourrie,
En te déguisant neuve,
Tu as trompé nos petits
Et un déluge de larmes
A semé ta félonie.

D'un robuste joli chêne,
Ou d'un puissant et haut pin,
Tu es né bateau de traîne,
De port de mer, brave dauphin.

Tendres fleurs toujours boutons,
Vivant hâves en un autre lieu,
Roses, Bégonias, Astors et Lys,
Jasmins ou Orchidées qui au fond
Obscure de la mer pâlissent,
Leur parfum alors en Dieu.

L'Enfant et la Bête

Quelque part où l'on vivait en paix,
Dans un très grand continent
Dont les côtes longues pour vrai
Se baignent dans les océans,
Des humains les plus fréquentés,
-Tantôt des pirates et corsaires,
Aux temps déjà éloignés,
Tantôt des navigateurs solitaires
Qui se prennent pour hirondelles,
Sans pays ni frontières habitants-
On a vécu une histoire des plus belles
Entre une bête malheureuse et un enfant.

D'un côté c'était le Pacifique,
De tous, le plus grand et profonde;
Moins grand, de l'autre, l'Atlantique
Dont les eaux embrassent aussi l'Ile du "Son",
Du rhum et de la verdure,
Des plages fines et de la **mulata**,
La plus exotique fleur in nature;
Terre aussi bien de Cha-Cha-Cha,
De Danson et de Goagoanco:

Coubacounba Couba
Coubacoun
Coubacounba counba
Coubacoun
Coubacounba counba
Coubacoun
Coubacounba counba
Coubacoun
Coubacounba counba
Coubacoun
Coubacounba counba
Coubacounba counba
Coubacounba counba
Coubacoun

Coubacounba counba
Coubacounba counba
Coubacounba counba
Coubacounba counba
Coubacounba counba
Coubacounba counba

Coubacounba counba
Coubacoun
Coubacounba counba
Coubacoun
Coubacounba counba
Coubacounba counba
Coubacounba counba
Coubacounba couba

Couba coubacoun couba
Couba coubacoun
Couba coubacoun
Couba coubacoun couba
Couba coubacoun
Coubacoun Couba
Coubacoun Couba
Couba coubacoun
Coubacoun Couba
Coubacoun Couba.

Ainsi, je rêvais de ce paradis
Que je cherchais à droite et à gauche;
Je savais qu'il était là, si joli;
Et soudain, je fouillais dans ma poche
Où j'avais gardé une petite pierre
Qu'il m'avait eu donnée, lui, le Gorille,
En me disant qu'elle appartenait à l'Ile,
Qu'elle apportait de la chance sur terre.

Elle ne lui avait apporté nul alléluia,
A cette malheureuse créature,
Cette pierre de la Patronne Yemaya,
La Déesse la plus noire de sa nature,
Autrement il ne serait pas dans cette cage,
Et aucun des citoyens de cette ville,
Grands et petits, de n'importe quel âge,
Ne le prendrait jamais pour un gorille,
Malgré tous ces poils sur son corps,
Par sa peau encor visible, blanche et fine,
Par son talent, sa plaidoirie et son port,
Son regard et sa fréquente bonne mine.

Un jour je crois le lui avoir dit.

"Un jour j'aurais de la chance, ma chance",
M'avait-il répondu. "Un jour, mon petit;
Il ne faut jamais perdre l'espérance;
Je ne t'aurais pas trouvé autrement.
Tu es l'espoir même", avait-il ajouté.
"Vis ta vie et que passe le temps;
Qu'ils me prennent pour un "Orangouté",
C'est une affaire à eux et je m'en fous.
Avant, quand j'étais dans l'Ile,
Ils me prenaient pour un fou;
Ils me craignaient plus qu'étant un gorille
En cage ici; et tous, ils m'obéissaient;
Tout le monde comptait sur moi;
Personne ne savait vivre en paix
Et en Dieu on avait perdu la foi".

Il avait été puni pour toujours
Par le Ciel et par les Dieux,
Pour avoir traité les siens sans amour
Et avoir empêché que l'on vive mieux.
On l'avait puni à vivre comme une bête
Enfermée dans une cage loin des siens,
Plein de poils le corps et la tête,
Sans pouvoir, ni richesse, ni rien.

Je croyais qu'il aimait ce lieu,
Ma ville, et respectait le bien d'autrui,
Comme la plupart des dévots de Dieu.
Pourtant, il jetait du caca, lui,
Sur ceux qui venaient le voir au zoo,
Et pissait sur ce lieu si beau,
Provoquant ainsi le désordre,
Encor qu'il ne savait pas mordre,
Parmi ceux qui n'avaient jamais vu
Une Bête si farouche dans sa cage.
Mais il était l'homme, à leur insu,
Le plus malin, doué et sage
Qu'avant je n'avais jamais rencontré.
Et lorsque nous étions seuls, moi et lui,
Il me parlait avec entrain et sans ennui,
Avec un discours super et spontané.

Une fois, c'était un jour de Juillet,
Dans sa cellule, triste et seul,
-Il n'avait pas vu que je l'épiais-
On voyait de la douleur dans sa gueule.
Une femme s'était approchée de sa cage
Et lui avait lancé une cacahouète;
Ensuite, il l'avait jetée sur le visage
Si beau de la dame dont la silhouette
Egalait la Vénus; alors la dame
Blessée s'était enfuie en pleurant,
Tandis que derrière un arbre, souffrant
Je sentais se briser mon âme.

Jamais il ne voulait être aimé,
Autrement il n'agirait point ainsi.
"Oh, Dieu, ne le laissez pas si isolé!
Pardonnez-le, Vous, si grand, si chéri",
Avais-je prié en m'éloignant à mon tour,
Le cœur gonflé, plein de larmes les yeux.

Il n'y avait personne aux alentours
Et je m'étais mis à penser aux lieux
Où les gens vivaient comme des gorilles,
Car par la méfiance et le dédain,
Comme en jungle, on vivait dans les villes.

Je m'approchais de la mer quand soudain,
En apercevant tout près du rivage
Le canot blanc de ma Grand-mère,
Je ne pensais plus à la bête dans sa cage,
Ni à ce qu'il m'avait dit de sa Terre
Quand il m'avait donné le talisman,
La pierre de la Patronne des eaux
De notre mer limpide et des océans,
Non des fleuves, rivières et ruisseaux;
Ni voire même à la pierre dans ma poche,
Mais à la paix dans ma ville, à ma maison,
A la barque elle-même, toute proche,
Et à la lune se levant sur l'horizon.

"Tout le monde me regarde
Comme une bête sauvage;
Qu'on prenne bien garde
Si un jour je sors de cette cage;
Tous, ce sont des nigauds,
Qui au lieu de travailler,
Ne viennent à ce maudit zoo
Que pour leur esprit égayer",
M'avait-il dit des jours après
Lorsque j'étais retourné le revoir
Pour l'aider à retrouver la paix
Dont il avait besoin pour garder l'espoir.

"Il parait qu'on n'a jamais vu
Une bête portant des habits".
On ne savait que les animaux nus;
Et le voir habillé, à mon avis,
Les surprenait, et le voir vêtu en rouge,
Surtout, pensais-je, pourquoi?
Peut-être pour qu'il ne bouge.

"C'est moi-même qui l'ai mis, ça;
C'est la couleur que je préfère;
La couleur de Chango que je veux;
De la foudre, du sang et de la guerre".

Il portait toujours à son front
Hautain, un ruban en soie violet;
La couleur d'Oggoun, Dieu des monts,
De la lance et de l'écu, pas de la paix.

"Il y en a beaucoup qui perdent la vie",
Lui avais-je dit, "des tiens et des autres"

"Mais c'est vivre mourir pour la Patrie,
Et en mourant de la sorte, on devient apôtre"

J'en convenais, mais tout a une borne,
N'étant bon de voir dans le dévouement
Le seul moyen de victoire, sinon morne
Tout serait avec le passage du temps.

"Le monde est dynamique
Et son mouvement est la vie;
Donc, tout ce qui est statique
Vivra sous éternelle et longue nuit."

"Ce n'est pas du tout sage
Qu'un garçon comme toi
Ait dans la bouche un tel message
Qui apparient aux hommes de loi!"

"Mais pour tous la Terre a été créée,
Et leur patrie est le monde entier;
Habille-toi en blanc, Bête condamnée,
Etant la couleur de la paix et l'amitié,
Et garde la couleur de Chango
Comme symbole de courage et vaillance;
N'empêche qu'on vive à gogo
Si en travaillant c'est l'abondance;

Et n'oublie pas que libre l'homme naît,
Et tout libre cet homme demeure,
Sinon on vit en gorille et sans paix,
En toute minute et en toute heure".

"Proposes-tu de vivre à la manière
De ton pays tout puissant et fabuleux,
En gaspillant tout, même la matière?"

"Mais nous, on y est bien et fort heureux.
Avant c'était moins bon, mais tout change;
Et ma ville grandit de jour en jour.
On y travaille beaucoup, mais on y mange;
Il n'y a qu'à jeter un coup d'œil à l'entour:
On travaille, on mange et on vit;
On vit, on mange et on grandit;
Et par là, s'est formé ce continent
Où quelque ouvrier égale un bourgeois,
Mais en travaillant davantage;
Il en plonge son âme dans la joie
Et garde un sou en cas de chômage.
Nous, on n'est plus le petit d'antan,
Tout en spirale poussant l'essor.
Regarde nos villes et nos champs
Où l'on jouit d'un beau confort".

"La vie n'est pas mutuelle".

"Les gens naissent libres, mais pas égaux.
Il faut penser à la sélection naturelle,
Rien n'égalant mieux que le boulot".

"Si tu me montres un exemple, je t'écoute"

"Et bien, j'ai à nourrir des agneaux
Et sans que rien de plus j'ajoute
La même quantité de pâture et d'eau
Pour que je donne à chacun
Le même volume de nourriture;

Et je fais ça chaque matin,
Ni moins ni plus…"
Gorille

"Et la même pâture,
La même herbe, ni plus ni moins,
Sans protester comme les cochons,
De la bagasse même, ni avoine ni foin.
Et ainsi d'agneau ils deviennent moutons.
Et vont et viennent les pluies,
Et ainsi viennent et vont les ans,
Tout à travers les jours et les nuits:
Les moutons n'en sont plus ceux d'antan."

En m'écoutant sans s'ennuyer,
Il avait répété mes mêmes mots,
Mais il avait dit mouton au lieu de bélier,
En tant que mâle des brebis et des agneaux.

"Et avec les moutons et les brebis,
Faut-il laisser aussi les agneaux,
Sans faim, sans soif et sans souci,
Pâturant en liberté, à leur gogo?"

"Oui. Il y en a qui mangeront mieux,
D'autres, bien sûr, pas beaucoup;
Mais ce dont je suis sûr, mon vieux,
C'est qu'aucun n'en prendra tout;
Autrement, mon bon, ce serait la fin,
Pour les autres et pour toi,
Car il ne faut pas être vilain,
Ni nuire à qui que ce soit."

"Jamais, jamais, tous ensemble
Et contrôlés. Tout distribué
En partie égale. Combien je tremble
Quand je t'écoute! C'est inusité
De voir un garçon avec un critère
Propre à nous, les grands hommes.

Va jouer avec le canot de ta Grand-mère
Au lieu de t'occuper de ce qu'ils consomment.
Tout distribuer c'est préférable:
Je ne veux aucun affamé;
Le même dîner à la même table;
Tous réunis pensant à l'être aimé."

"Si un jour le Soleil se réveille
En se souvenant qu'il est le roi doré,
Tu n'auras plus ni veille
Ni pouvoir, ni trône honoré.
En plus, il faut changer, mais pas d'un coup;
C'est une chose tout à fait géniale,
Parce que tu atteins sans feu le bout.

L'histoire doit se voir en diachronie,
Toujours en continuelle interaction;
Et ces phénomènes en synchronie,
Même une guerre qu'une révolution,
Font partie du trait socio-classiciste
De celui qui fut une fois non-humain;
Et qui, quel que soit le lieu qu'il assiste,
Fera honneur à ce trait lui manquant le pain,
Mais surtout à celui de bête farouche;
Et si persiste la faim, pur et cruel fléau,
Qui flâne et à nos portes touche,
L'homme alors devient un vrai Chango.

Les gens primitifs, à l'époque de la pierre,
Où tout était sans beauté et inconnu,
Avaient renoncé, pour aimer le fer
Qu'ils mettaient aux pieds des vaincus.
Déjà, on était civile et on s'habillait.
Mangeaient beaucoup mieux les plus forts
Grâce à ce que déjà on travaillait
A la naissance du bel or,
Du commerce et de la poésie;
Mais un jour on en eut marre
Voulant bondir à une autre vie
Où les enchaînés s'unirent aux barbares:

C'était l'époque de l'alliance
Fournissant le bronze et de l'inquisition;
Mais on connut une légère abondance
Dans le travail et la consommation.

Et tout en travaillant, On y renonça,
Mais en en gardant des traits:
Tout est devenu super par ci par là,
Fut-ce une époque farouche, sans paix,
Où l'homme niait l'homme, mais on vivait mieux;
C'était une époque pour tous de hasard,
Epoque où a surgi un nouveau dieu
Tout puissant et fantastique: le Dollar
Mais par rapport aux primitifs,
On était bien un citoyen digne;
Et il n'y avait aucun motif
Pour voir tout sous le même signe
Malgré que ceci l'âme fidèle émeut,
Car ce n'est qu'en travaillant qu'on s'égale;
Et c'est par là qu'on a ce qu'on veut;
Or, fixer un seul avis c'est action fatale
Si par là on n'a pas le bonheur,
Si ceci entraîne la discorde;
Si on rit pour cacher la douleur
Au lieu d'embrasser la concorde.

De jour en jour dans les villes
Et ailleurs, il y a moins de *joblisses*;
Il y a de moins en moins de gorilles,
Y compris au palais et à la police.

Pourriez-vous sauver de si jolis lieux
Sans la libre et rapide concurrence?
Comment pourrait-on vivre mieux
Sans liberté et sans alliance?
Comment devenir tous de simples rois
Sans le travail équivalent
Qui permet à un bon à rien d'avoir un toit
Ou une auto, comme peut un président?

Tu n'as été puni par vilenie,
Ni pour avoir enseveli le confort,
Beaucoup moins pour avoir tué la tyrannie,
Mais pour considérer tous des forts,
Tous égaux: un sage et un abruti,
Les hommes abeilles et les ramiers;
Tous ensembles sous ton bon abri,
Sous tes idées et ton autorité.

Il n'y aura jamais nul roi
Qui vive éternel sur son trône
S'il ne pense aux autres, mais qu'à soi,
Et si jamais la richesse il ne prône"

Après m'avoir écouté en silence,
Son visage alors détendu,
Montrant une légère patience
Dans sa voix grave, parfois aiguë:

Avec toi, mon fils, je suis fort d'accord,
Mais ceux qui n'ont rien, certainement,
Tu proposes de les unir à la mort?"

"Avec toi, mon vieux, et tes partisans,
Ça suffira. Pense toujours à eux
Et laisse les autres en concurrence;
Au retour des ans, ils seront heureux,
Mais sous le boulot et son équivalence."

Une Voix en off

Tel un sifflement de musique, sans bruit,
Agitant doucement les voiles
De petites barques sur la mer,
Et à travers la vallée verdie,
Caressant son visage couvert
De grotesques longs poils,
Venait la brise. Et abasourdi,
Tantôt il regardait dans la mer
Où il commençait à faire nuit;

La barque de Grand-mère,
Se balançant sur l'eau encor bleue,
Au gré de blanches vagues du Nord,
Tantôt, tout près de nous deux,
Sur un arbre, rêveur, un Condor
Qui s'était habitué à vivre, je crois,
Loin des montagnes du Grand Sud,
Dont il était, des cimes, un roi,
Et de leur histoire et solitude.

Et en troublant le règne du silence,
M'avait-il dit: "N'oublie pas
Que je ne compte que sur toi
Pour ma dernière et bonne chance.
Pour pouvoir quitter ma cage,
Et briser ce châtiment maudit
Tu as un talisman inouï
Qui ton esprit rend plus sage".

"Je vais rompre donc ce châtiment
Auquel tu as été condamné;
Mais pense à l'aise de mon continent
Et qu'un jour quelqu'un t'a aimé."

Et là, au milieu d'une clairière
Du royaume des bêtes isolées,
Restait sa triste cage en fer,
Par la lune non pleine inondée,
Alors qu'un majestueux concert
Des habitants nocturnes
Plongeait dans un univers
Doux et paisible, et sa turne,
Comme on dirait en famille,
Et le Zoo tout entier;
Mais il restait derrière sa grille
Sans se savoir si épié
Par tant d'habitants de la nuit,
Qui en tant qu'êtres solidaires
Aimaient à le tirer d'ennui,
Le sachant si triste et solitaire.

Avant de me rendre chez Dada,
Ma grand-vieille, je devais aller
A la côte pour chercher par là
Un coin où pouvoir cacher,
Pour sa fuite, le blanc canot,
En profitant de la saison fraîche,
Alors qu'il ne faisait pas si chaud;
Et aussi de la saison de pêche
Où par millier on vivait en mer,
Cherchant pour tous le sain poisson,
Et par là, il pourrait trouver sa Terre,
Confondu parmi les fils de Poséidon.

Il se faisait déjà trop tard
Pour rester plus longtemps au Zoo,
Malgré la brise douce du soir
Rendant tout autour plus beau,
Et malgré ce concert nocturnal
Plein de concordance et d'harmonie
Avec du haut talent magistral
Exécuté par les rois de la nuit.

Je me sentais flotter dans l'air
Par, si fine, cette mélodie,
Quand soudain, l'ayant ouï se taire,
De l'entré venait un bruit.

J'étais resté tout immobile,
Dans l'ombre, derrière un buisson
Où être aperçu était difficile,
Sans aucun bruit, ni aucun son.

La jeune dame à la belle silhouette,
A laquelle un jour de Juillet
Il avait eu rendu la cacahouète,
Etait passée devant moi, tout près,
Sans pourtant remarquer ma présence,
En se dirigeant vers la cellule
Où condamné sans espérance,
La liberté lui était nulle.

Qu'elle était jolie Dieu Puissant,
Avec toute blanche sa robe
Qui lui empêchait, cependant,
Et parfumée, qu'elle se dérobe
Vers la cage sans être aperçue!

Il l'avait remarquée tout de suite,
Une fois à la portée de sa vue,
Sans pour autant éprouver sa conduite,
De venir au Zoo déjà désert,
A une heure de la nuit si tardive,
Si belle et extraordinaire,
Mais si étrange, telle une dive!

Livide telle une fleur blanche,
Elle restait là, devant sa cellule,
Sous la lune montrant ses hanches
A travers sa robe de tulle.

Belle, telle une blanche fleur,
Parfumée devant un autel,
Elle y restait toujours sans peur,
Telle dévote devant un dieu mortel.

Et à travers la grille, avec finesse
Caressant déjà comme soie
Les cheveux de cette rare déesse
Qui tombaient suavement, je crois,
Comme une cascade écumeuse
Empressée avec sa mélodie
Et dont l'eau coule nerveuse,
Le jour ou la nuit,
Vers la mer bleue ou verte,
Sur son dos si soyeux et pudique,
Et sur ses épaules découvertes,
La peau soyeuse entière,
Sa robe fine, oh sadique,
Aurais-je dit, déjà par terre!

Il regardait la figure d'ange,
Ornée d'une bouche chaste et fine,
De cette dive sans égal et divine,
Sa gorge sensuellement étrange

Que les cheveux ébène
Caressant aussi ses contours
Parvenaient à voiler à peine
Cette gorge désireuse d'amour

Et il regardait, nerveux alors,
Odorant tel Jacinthe ou Azalée,
Mince et svelte, ce joli corps
Tout jeune et immaculé
Qui n'avait jamais connu,
D'aucun mâle mortel, le poids;
Non plus sa fleur encor hyménée,
Fleur étrange et interdite d'intrus,
Qui goûte à ce berceau du péché!
Oh, ce corps sans abri, déjà nu,
Restant de bon gré sa proie,
A lui, la Bête dont les mains
Caressait d'elle tantôt le cou,
Tantôt, troublé, les jolis seins,
Qui rendraient tout homme fou!
Aussi restait-il à caresser ses seins
Encor pubères et fascinants, oh!
Et ses yeux ardaient, son instinct
Réveillé par l'ardeur de la peau
Fébrile et soyeuse de la dame
Jouisseuse sur sa robe allongée,
Dont l'arôme de la fleur de femme,
Proscrit Labyrinthe pubescent,
L'élevait au-delà de sa portée
Le cœur sans control bondissant.

Donc, déjà à la source de l'odeur
Qui éclorait de nectar inondée,
Et ayant goûté la saveur
De cet élixir, baume béni

Des saints et leurs similaires,
Il brisa la paix de la nuit
Des témoins solitaires
Par un étouffé gemissement de désir.

Profanée pour la première fois,
La Belle soupira d'extase et plaisir,
Sans aversion ni remords, sous son poids!

Sacrilège fortuit
Qui brisa la contrainte
En dévorant le fruit
Qui faisait d'elle une sainte!

Etreint si rare et doux,
Défendue délivrance
Qui apaise le courroux
De la bête en souffrance!

Et les musiciens de la nuit
Avaient repris le divin concert,
Mais alors plus doux et joli,
Honorant le péché nécessaire!

Si doux et rare étreint,
Défendue délivrance
Qui dissipe le chagrin,
L'ennui et la souffrance!

Le lendemain il faisait beau;
Tout était comme de coutume,
Et dans la ville et dans le Zoo;
Mais il y avait moins d'amertume,
Déjà détendu, dans ses yeux.
Combien nécessaire est la femme,
Création magique de Dieu
Pour des hommes guérir l'âme!

Avec un canif de Dodo,
Mon tout petit grand-père
Qui dès l'enfance vivait dans l'eau
Comme un fier et souple loup de mer,
J'avais enlevé tous ses poils;
Mais il voulait garder ceux du visage;
Après nous avions pris la toile
Que l'on avait eu mise sur sa cage
Pour le protéger du soleil brûlant,
Avant de nous diriger vers la côte
Où j'avais eu caché le canot blanc
Lequel attendait pour son hôte.

Il fallait monter une petite colline
Qui terminait en promontoire,
D'où l'on voyait, à droite, la mer divine,
Et à gauche, un vaste territoire
Dont ce qui attirait l'attention
Des visiteurs et des villageois,
C'était la diversité de plantations.

"Regarde comme ils s'enrichissent, les bourgeois."
Avait-il remarqué. C'étaient des paysans.
Une coopérative. Les coopérateurs
Travaillaient la terre depuis deux ans.
Avant c'était dur; mais avec des tracteurs
Ça allait mieux et avec toutes ces machines;
Ils pouvaient vendre tous leurs produits
Dans leur ville et dans les voisines,
Et au temps sec et sans pluie.
Grâce aux coopératives d'arrosage.

"Bien sûr! Et je pense que s'il pleuvait,
Pour celles-ci ce serait le chômage."

"Avec l'équivalence du travail qu'ils gagnaient,
Ils pouvaient bel et bien vivre à l'aise".

Nous avions marché dix minutes encore
Quand nous étions arrivés à une falaise

D'où j'avais l'habitude, à l'aurore,
De contempler la mer immense et rebelle.

Tout près j'avais eu construit une hutte,
Depuis où, un jour, je me rappelle,
J'avais eu vu une terrible lutte
Entre un requin et un pêcheur.
Ni l'animal, jeune et géant,
Ni le vieux, avaient nulle peur,
Là, sous le ciel, sur l'océan,
N'étant assistés depuis le haut
Que par le Soleil tout feu, tout or,
Qui brûlait du vieux le dos
Et du monstre, déjà inerte, le corps.

Mon ami, libre, devait attendre,
Dans la hutte, l'arrivée de la nuit,
Et je chercherais quelque chose à prendre
Pour qu'il fasse le retour sans ennui.

Il était si affamé et si épuisé,
Qu'il s'était endormi dans la hutte.
Des heures plus tard, une fois réveillé,
Il croyait n'avoir dormi qu'une minute.
Et là, on le voyait étonné
Regardant tantôt droit devant lui,
Tantôt, je crois, vers le ciel étoilé,
Car dans la profondeur de la nuit
Il confondait tant de milliers de phares
Dans ce ciel, avec ceux, par centaines,
Sur la mer, faisant une beauté rare
De ce panorama hors la norme humaine.

"Des pêcheurs! C'en est trop, je crois,
Et avec ce train, bientôt, plus de poisson!
Puis, les poissons ne sont pas à eux, tu vois."

C'étaient les fils de Poséidon,
Qui faisaient leur vie, vie chère,
A tirer de l'eau la prolongation

De la vie de ceux qui travaillaient en terre,
Dans les villes et les plantations,
En créant à leur tour, pour tous,
De la richesse qui équivaut.

Et comme l'arbre qui pousse
Par la force du Soleil là-haut,
Qui sous son ombre nous abrite,
Par l'abondance de chacun
Sous le talent, soit-elle petite,
Ou sous la magie des souples mains
Ou de la pensée, la haine s'efface:
Le bonheur en devient quotidien
Et la terre, la juste race,
Appartient à tout citoyen.

En plus, la mer est puits inépuisable
Pour l'humain de croûte divin et cher,
Qui permet qu'il y ait à table,
Pauvre ou riche, des dons nécessaires.

J'avais apporté du poisson salé,
Des saucisses, du sucre et de l'eau,
Des fruits, du miel et du café
En poudre et dans un bol bien chaud
Dont il avait presque tout bu
En un petit rien de temps.
L'avoir vu en boire ainsi m'avait ému,
Car il n'en buvait pas depuis des ans.

"Poudre magique d'étranges lieux
Et dont l'arôme l'homme enivre;
Saveur amère qui me fait vivre
Etant breuvage de bons dieux."

Se croyant seul au milieu de la nuit,
Il avait chanté avec profonde joie;
Je le savais heureux, hors de lui,
Loin de la cage, libre alors déjà.

Je lui avais apporté un cigare
Qu'il avait allumé avec un briquet,
Un vieux truc à kérosène, et dont je regardais
Comment la flamme, cette flamme rare,
Inquiète et rougeâtre, dénonçait son visage
Dans la nuit tranquille et obscure.
Qu'il était extasié par le saint breuvage,
Et par la feuille divine, "du bon pur",
Richesse exclusive du tropique,
De sa Terre promise et unique!

"Feuille magique de lieux étranges,
Dont l'arôme l'homme extasie;
Fumée rare qui éveille la vie
Elevant l'âme vers les anges!"

Il fumait heureux son "puro"
Et regardait vers l'océan
Tout inondé de points scintillants:
"Que c'est merveilleux tout ça sur l'eau.
Tant de barques à la fois la nuit,
Tant de gens ensemble et sans bruit,
Alors qu'il y en a qui dorment dans les villes;
Et dans la campagne, des autres
Qui aident à faire les biens nôtres,
Dans une terre sans faim ni gorilles."

C'était la première fois
Qu'il parlait sans tort;
Et je sentais le cœur bondir en moi,
Avant qu'il ne finisse par dire alors:
"Ils travaillent là, dans la mer,
Et d'autres, dans les villes et les champs,
Pour que la moindre part des gens,
Comme le reste, ne voient la vie amère."

Je sentais quelque chose en lui
S'adoucissant non par hasard.
Combien calme semblait la nuit,
Tel que, peut-être ailleurs, quelque part!

"Et sur chaque table
De toute famille gaie,
Il y un repas aimable
De bons fruits frais,
De différents fruits,
Et des produits verts,
Sauvages ou bien cuits,
Des produits de la mer,
Propres ou bien variées,
Et peu de bœuf ou du veau sain,
Soit haché ou bien entier.
Et sans que manque le pain,
Qu'importe une autre bête
Si c'est du fameux bon gigot
Ou une garnie côtelette,
Sans qu'aucun pot
De vin ou de bière
Ne puisse se voir absent
Dans cette table fière,
Entourée de bons gens
Et de pauvres volailles!

Que le monde est fabuleux
Où il y en a pour être heureux,
Grâce à Lui et aux bons qui travaillent!

Et pour terminer,
Du bon tabac
Après du bon café.
Et dire que tout ça
Est grâce à Dieu,
Tout bon, puissant
Et miséricordieux,
Et au travail équivalent
Du menuisier qui fait la table
La chaise et le tabouret,
La charrette et l'étable
Qu'il fasse bel ou mauvais!
De l'adroit artisan
Qui me chausse et m'habille;

Du sage et bon paysan,
Apôtre de la famille
Et des verts champs
D'où il apporte de la vie;
Du dévoué pêcheur
Qui, avec son filet sauveur,
De la mer jolie,
Ce divin et riche puits
Immense et profond,
Nous apporte des fruits
Et de sains poissons;
De ce maître, l'ouvrier,
Mineur ou magicien maçon,
Qui avec ses mains fibreuses
Décore des masures les monts,
Modestes ou fabuleuses;
Et de ce bourgeois premier
Qui apporte de la bière
Ou du vieux bon vin,
Elargissant le matin
Avec sa sainte lumière!

Et toi, grand seigneur
Qui de la blanche farine
Fait ce fort château,
Ce pain suave et beau,
Sans nulle doctrine,
Aspergé de ta douce sueur!

Et le pêcheur audace,
Et le paysan en famille,
Le boulanger qui masse,
Et l'artisan gentil,
Tous heureux s'abritent
Sous de superbes toits
Sous lesquels ils profitent
Du talent de ce vrai roi,
Le grand souverain des villes,
Qui nous crée la maison,
Artiste de mains fragiles,
En suant sous le casque maçon!"

La mer semblait en bas sereine.
Il avait jeté l'habano
Ou ce qui restait plutôt,
Sur la plage aperçue à peine
Depuis le haut de la falaise,
Après être sorti de la hutte,
Dont nous n'avions pu voir la chute.

Nous avions pu descendre à l'aise
Sans être aperçus, et parvenir
Au lieu où j'avais eu caché le canot,
Tandis qu'un bruit doux venant de l'eau
Réveillait encore ses souvenirs:
La mer était vraiment sereine.

Nous étions arrivés
Dans un coin écarté
Sans la moindre peine,
Où un vieux débarcadère,
Triste et délabré,
Qui sait, déjà oublié,
Attendait qu'un pêcheur solitaire
Ose venir mouiller sa barque.

Et sans la moindre remarque,
Nous avions marché lentement,
La main dans la main, en silence.

Qu'il était sûr en disant
Que je serais sa chance!

Une fois près du canot:
"Il appartient à ta Grand-mère,
Si joli, si blanc, là, sur l'eau?"

"Oui. Il t'emmènera à ta Terre
Où tu devrais enterrer la faim,
Pour que l'amitié et l'amour
Poussent chez l'humain,
Vraiment pour toujours

Ecoute: durant ton enfance,
Car tu as dû en avoir une
Comme tout humain, je pense,
Où sans doute douleur aucune,
Comme celle de la pauvreté,
Ou de la faim ou du chômage,
Sauf celle d'être enfermé,
Disons, ici, dans ta triste cage,
Ne t'aurait jamais choisi,
Ni toi, ni nul de tes proches,
Ni ton milieu si bon et joli
Pour lequel pas un reproche,
On t'aurait souvent emmené
A des endroits supers uniques,
Voir des animaux domptés
Montrant leur talent histrioniques;
Tel que, disons, des ours,
Blancs, du cocotier ou brun,
Mais qu'emporte la source,
Ce ne sont pas des humains,
C'est ce que je veux dire.

Et bien, ils font des actes marrants,
Lesquels font les enfants rire;
Or, ils ont du sucre pour autant,
Sinon ils n'agiraient pas ainsi,
Mais tels qu'ils sont: des bêtes,
La faim, et l'humain aussi,
Leur faisant égarer la tête
Et les normes d'un civilisé,
Pour en devenir un barbare.
De là, affronte la réalité
Et ne laisse pas que s'égare
Ta barque: la liberté elle mène,
Patronne souveraine de tout encore,
Qui l'amitié et le bonheur sème,
Et l'abondance et le confort.

Pense aux autres, mais aux tiens
D'abord, parce que tout père
Qui aime encore plus que les siens,
Les fils d'un ami, n'est pas un bon frère.

Que tes fils soient les plus beaux;
Qu'ils se sentent en liberté,
Tels libres comme les oiseaux;
Et une fois en pleine beauté,
Qu'ils l'apportent vite aux autres,
Par eux-mêmes, pas par toi, mon vieux,
Cette beauté, comme dignes apôtres
Et suiveurs de l'amour de Dieu.

Tu as été élu par la Providence
Et par les pauvres de ta Terre,
Pour être à leur tête à outrance.
Mais pour la paix, pas pour la guerre,
Ni pour la pauvreté, mais pour la richesse
Et le bien-être, pas pour la faim;
Et la misère; donc ne laisse
Qu'il manque au pensant du pain.

Alors tu as agi, hélas, autrement
Ayant été choisi comme roi,
Sur cette Terre promise, en trompant
Ceux qui avaient de l'amour pour toi,
Et le Ciel qui ton épineux chemin,
En mille neuf cent vingt-cinq
Avaient illuminé par un joli matin
Ensoleillé, pour que tu vainques
Tout ce qui nuirait aux vivants,
Mais par l'union et le boulot,
Nobles, libres et fécondants,
Pour que tout leur soit bien beau;
Donc, puisque, qui que soit l'humain,
Il a plus d'une opportunité,
J'ai abattu avec mes mains
Ce qui t'avait déshumanisé."

Je le regardais avec illusion
Avant qu'il ne monte sur le canot
Où il avait mis les provisions.
Tout à coup il s'était jeté dans l'eau;
Il y était resté, je crois, plus d'une heure;
Je ne pouvais pas le voir dans la nuit
Et je craignais qu'il n'y meure,
N'entendant alors aucun bruit,
Mais celui des vagues sur le sable.
Il était déjà sur le canot de Grand-mère!

"Dans des jours, tu seras dans ta Terre.
Pense aux autres et sois raisonnable;
Et ainsi, les tiens et les Dieux;
Tous ensemble, te pardonneront;
N'empêche plus qu'ils vivent mieux
Et sans doute ils t'en aimeront."

Il avait déjà démarré,
Alors la nuit plus obscure,
Et il s'était peu éloigné
Du lieu où il avait connu la torture,
Lorsque: "Gorille, Gorille, mon ami!"

Et ayant éteint le moteur:
"Qu'est-ce qui t'arrive, mon petit,
Mon guide et sauveur?"

Je m'étais lancé dans la mer à mon tour
Et dans la nuit, j'avais nagé vers le canot.

« Qu'est-ce qui t'arrive, mon petit grand malin? »

Vite avec ses mains, il m'avait sorti de l'eau.
Puis, ajoutant de sa voix si pleine d'amour
Encore que je gardais serrés mes mains:

"Toi, toujours toi, mon chéri grand petit sauveur!
Mon petit maître, mais dis, dis vite ce qu'il y a."

"Je suis sûr qu'elle t'apportera un grand bonheur,
Ce talisman, cette pierre de Yemaya!"

En le regardant dans les yeux,
Unies fortes encor nos mains,
Je lui avais dit de mon mieux,
Pour qu'il ne soit qu'un humain:

"Mais n'essaie pas, comme on dit,
De dénuder n'importe quel saint
Pour vouloir en vêtir un autre;
Tu t'en prendras pour apôtre,
En croyant agir comme un humain;
Mais tu seras pris pour un bandit,
N'ayant fait rien d'extraordinaire;
Et qui sait, quelque jour, mon vieux,
Peut-être quelque jour bien beau,
Tu n'en auras ni de tombeau,
Ni de cénotaphe en nul lieu,
Ni ton grand corps couvert de terre
Et sans fleur, sans linceul,
Tout nu, quelque part, qui sait où,
Sous le froid, sous le Soleil brûlant
Ou sous l'automne de pluie et de vent,
Sans soif, sans faim, sans goût,
Sans sang, sans chair et seul.

Reste un prôneur du populisme
Si cela bien juste te semble;
Sans te prendre pour un séquoia,
Sème pour de bon l'alléluia
Pour que tous heureux vivent ensemble
Sans laisser debout le snobisme.
Et si tu le désires, reste austère
Sans employer ta belle faconde
Où se cache ton chafouin.
Et sans délai, prends soin
De tous tes semblables, ton monde
Et qu'on vive comme on préfère
Parce qu'en deçà de la loi

Qui se conduit par ton métier,
Sur la terre tout est permis
Autour du travail béni,
Soit de la Belle ou du Premier,
Tous aimant et Dieu et sa Foi."

Nous nous étions fortement embrassés,
Une fois qu'il avait eu pris la pierre.
Et un peu plus tard, j'avais nagé
En m'éloignant du canot de grand-mère,
Vers le rivage, vers la grève;
Puis, j'étais monté dans la hutte.
"Oh, mon Dieu, combien je veux qu'il mute!

J'avais eu un très joli rêve,
Lorsque je m'étais endormi
Sous cette paisible atmosphère,
D'une nuit d'été sans nul bruit,
Sauf celui mélodieux de la mer:
Il n'y existait plus de gorilles,
Car on avait enterré la faim;
On vivait comme vrai humain
Dans les champs et dans les villes.

Alors resté seul dans la hutte,
Et le regard vers le lointain,
Attendant qu'arrive l'aurore,
L'Enfant prodige rêve encore
D'un monde plus bel et humain,
Mais sans rancune et sans dispute,
Plein de champs et de villes,
D'abondance et d'orgueil,
Sans faim ni gorilles,
De couleur et de Soleil!"

Fin

Bref éclaircissent sémantique et culturel

JOSE MARTI PEREZ. Il est l'Apôtre de l'Indépendance de Cuba. Il naquit à la Havane, le 28 Janvier 1853. Depuis sa jeunesse, il commença la lutte idéologique contre la colonisation espagnole. Pour cette raison, presque un garçon encore, il fut envoyé en prison où il resta plusieurs années de sa jeunesse. Craignant que Marti pût provoquer une Révolution à Cuba, l'Espagne colonialiste le déporta à la Métropole. Pendant sa déportation, alors qu'il devint avocat, philosophe, journaliste, enseignant et écrivain, il élabora le programme de la Révolution contre l'oppression espagnole et prépara le "chemin" pour la guerre nécessaire. La plus grande partie de son temps dans l'exile, il vécut dans les Etats-Unis (Tampa et New York) où il écrivit la meilleure et plus grande partie de son œuvre politique et littéraire, et fonda le Parti Révolutionnaire Cubain qui s'occuperait de la lutte idéologique et de préparer la voie pour la République. Hélas! Jose Marti mourut le 19 Mai 1895 pendant qu'il combattait contre l'armée espagnole dans la province d'Oriente. Quand il mourut, il était le Président de la République en arme et Général de l'Armée Libératrice Cubaine.

Du 14 au 26. On fait allusion à la Fête Nationale de la France, le 14 Juillet 1789, et celle de Cuba, le 26 Juillet 1953. Toutes deux fêtes commémorent un assaut: L'assaut à la Bastille, à Paris, fut fait sans armes, tandis que l'assaut à la Caserne Moncada, à Santiago de Cuba, fut fait différemment parce que les assaillants qui avaient mis l'uniforme de l'armée étaient armés.

Libertador. Nous appelons ainsi Simon Bolivar, le Libertaire d'une grande partie de l'Amérique du Sud. *Libertador* est le mot en espagnol pour Libertaire. Le plus haut désir de Simon Bolivar fut l'intégration des pays Américains.

En français on dit mulâtresse et non Mulata. En espagnol on écrit *mulata* et on prononce [mulata].

Christ of Colombes. Ici on fait allusion au navigateur Christopher Columbus, découvreur de l'Amérique.

Sinsonte. *C'est le moqueur.* C'est un oiseau très populaire à Cuba. Il imite le chant de tous les oiseaux qu'on connaît à Cuba.

Habano, Puro. On fait allusion au cigare cubain.

Eleggoua. Oricha majeur ou Dieu dans la religion Yoruba du Nigeria. "Eleggua est considéré le Dieu des chemins. Par adoration il t'ouvre les chemins". On l'identifie avec les couleurs rouge et noir.

Santiago (de Cuba), Cienfuegos. Ce sont des provinces à Cuba.

Tremenda. En espagnol on dit d'une femme très belle et bien "faite", c'est-à-dire pleine de fougue et volupté.

En français on ne dit pas tropicaine, mais *tropicale*. Le mot *tropicaine* tombe non seulement dans l'anthropomorphisme, mais aussi, en l'utilisant, on fait allusion au Cabaret Tropicana, l'un des plus fameux à Cuba. D'ailleurs, en ce qui concerne la stylistique, on dit rarement une femme tropicale, tandis qu'on dit communément un fruit tropical.

Tocororo. C'est l'oiseau national de Cuba, non seulement par son chant si merveilleux, mais surtout parce qu'il a les trois couleurs du Drapeau Cubain: le bleu, le blanc et le rouge. C'est oiseau meurt quand il est en captivité

Bohio. Maison champêtre typique à Cuba, où les paysans habitent. Elle est faite de l'écorce de la Palma Real pour les parois, et de ses branches pour le toit. La Palma Real (palme réelle) c'est l'arbre national cubain.

Oko. Oricha ou Dieu yoruba de l'agriculture.

La *Ciruela*, le *Capupi*, l'*Anon*, le *Caïmite*, le *Nipero*, la *Gouanabana*, le *Mango* (la mangue), le *Zapote*, la *Papaÿa*, le *Mamey*, le *Maragnon*, le *Canitel*. La *Chirimoÿa*, et le *Mamon*, ce sont des fruits typiques à Cuba.

Yemaya. Oricha ou Déesse Patronne des eaux salées (la mer et les océans). C'est l'Oricha femme la plus noire des toutes. On l'identifie avec la couleur bleu foncée.

Ochoun. C'est l'Oricha déesse de l'amour et de la beauté. C'est la Déesse Moulata. C'est l'Oricha Patronne de Cuba. On l'identifie avec la couleur jaune. Les eaux douces des fleuves, des rivières, des ruisseaux et des lacs et des lacunes lui appartiennent. Le 8 Septembre, le Peuple cubain célèbre le Jour d'Ochoun et de Yemaya.

Inlé ou Inlè. Oricha de la pêche et des pêcheurs.

Une épave est un objet quelconque ou débris à la dérive dans la mer. Pour faire allusion à une épave déterminée, j'ai préféré utiliser le mon épave comme adjectif, épavée, dans *des fleurs épavées*.

Le 13 Juillet 1994, plusieurs dizaines des cubains, parmi lesquels des enfants, voulaient quitter le pays pendant la nuit, comme beaucoup d'autres cubains avaient déjà fait. Ils n'eurent pas de chance: Le vieux bateau en bois qu'ils avaient choisi, "*13 de Marzo*" ne tint pas à la collision provoquée par deux puissants bateaux de traîne en fer, et à la puissance de leur jet d'eau. Le navive "*13 de Marzo*" coulait tout en face de la Havane, en entraînant avec lui des adultes et des enfants, dont *Helen Martinez Enriquez, âgée seulement de six mois.*

    Le Son, le Cha-Cha-Cha et le Gouagouanco (guaguanco). Ce sont de genres musicaux créés à Cuba.

    Coubacoun Couba, Coubacoun, Coubacoun Couba. Transcription graphique d'un rythme folklorique afro-cubain, (le Gouagouanco ou la Gonga).

    Chango. Oricha de la foudre et de la guerre. On l'identifie avec la couleur rouge. Le 4 Décembre, on célèbre la fête de Chango.

    Obatala. C'est l'Oricha de la paix. Il est identifié avec la couleur blanche. Le jour d'Obatala, c'est le 24 Septembre.

    Le Bata est un tambour utilisé dans la musique folklorique cubaine.

    Ossin, Oké, Oda, Dada Osoun Oggoué et Odoudoua; ce sont des Orichas mineurs, tandis qu'Olofi, c'est l'Oricha Patron du Ciel dans la "Règle de Ocha" ou religion Yoruba. C'est le Dieu des Orichas.

    Babalou (Babalu). Oricha majeur qui guérit les maladies. C'est l'Oricha qui porte des béquilles. Le 17 Décembre, son jour, les cubains vont en pèlerinage par milliers à l'église de Babalou (Saint Lazare) pour l'honorer.

    Argaÿou. Oricha père de Chango. C'est aussi un Oricha de la guerre.

    Oroula. C'est l'Oricha qui devine les énigmes. Il prévoit le destin. On l'identifie avec les couleurs verte et jaune.

    Orangouté. On fait allusion à l*'orang-outang*, énorme singe à longs poils rougeâtres, à long bras, qui habite dans les arbres, tandis que le *gorille* est un singe anthropoïde plus grand que l'*orang-outang*. En utilisant le vocable orangouté, tantôt on donne une nuance burlesque au personnage, tantôt on préserve la rime croisée avec le vocable *ajouté*.

    Oggoun. Oricha guerrier.

    Joblisse. On fait allusion au mot anglais *jobless*.

Table des matières

Introduction 5
A savoir 9
Préface 11
Dédicace 13

Nos conflits 15
    Du 14 au 26 15
    Va-t-en, guerre 17
    Adoration 18

Les villes fanées 19
    Ville Jaunie 19
    Ma ville 20

L'écologiste 22

Les Trésors Cubains 26

Lieu Fantastique 34

Miséricorde 36
    Souffrance 36
    Requiem pour un ami 37
    Migrateur inconnu 40
    Bateau rare 41

L'Enfant et la Bête 50

Bref éclaircissent sémantique et culturel 79

www.ingramcontent.com/pod-product-compliance
Lightning Source LLC
Chambersburg PA
CBHW051659090426
42736CB00013B/2441